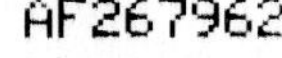

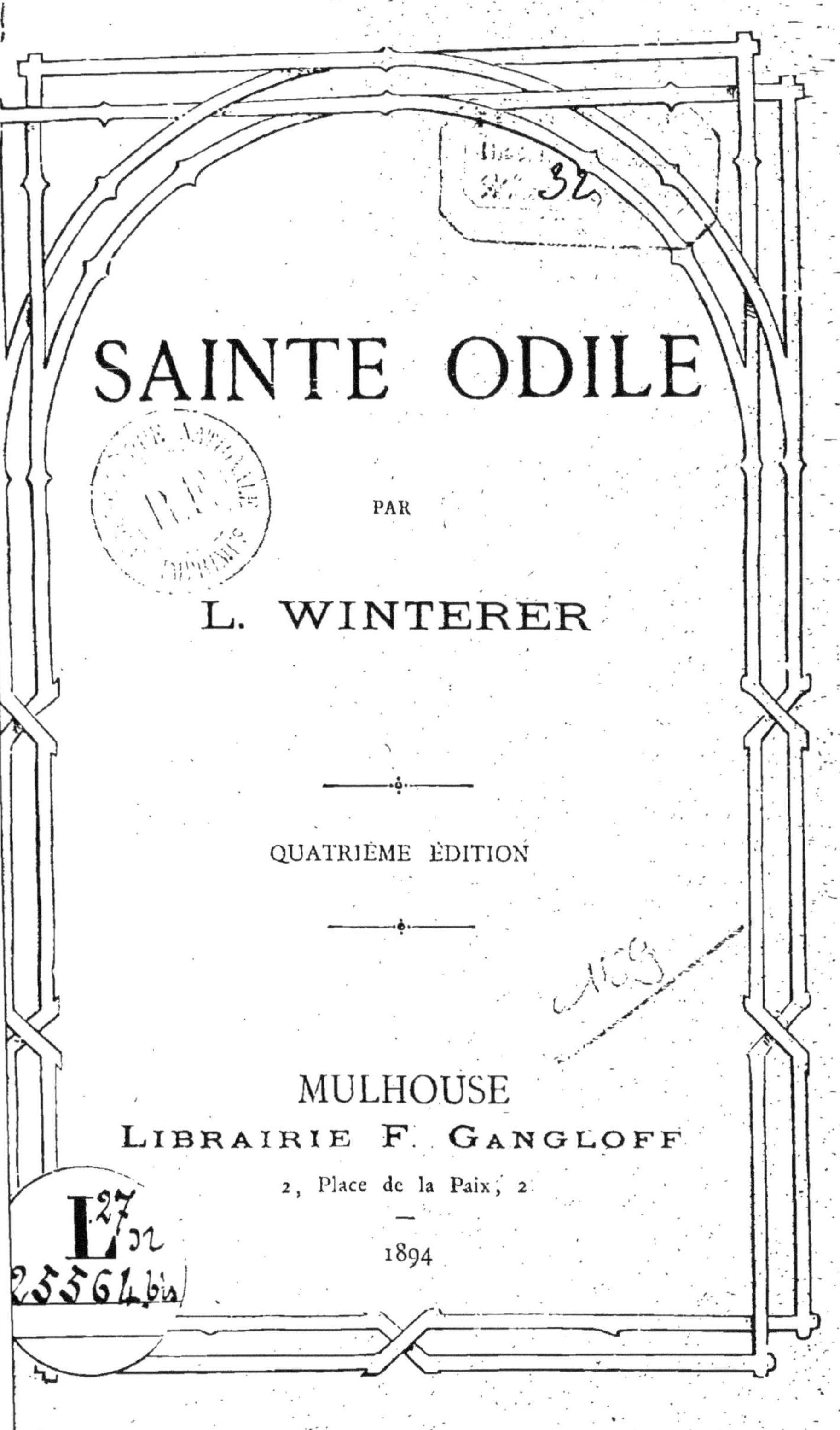

SAINTE ODILE

PAR

L. WINTERER

QUATRIÈME ÉDITION

MULHOUSE
LIBRAIRIE F. GANGLOFF
2, Place de la Paix, 2

1894

159

SAINTE ODILE

Dessin de Frère FLORENT.

HOHENBOURG ET NIEDERMUNSTER.   SOURCE MIRACULEUSE.

VUE D'OBERNAI.

SAINTE ODILE

PAR

L. WINTERER

QUATRIÈME ÉDITION

MULHOUSE

LIBRAIRIE F. GANGLOFF

2, Place de la Paix, 2

1894

AUX LECTEURS

Nous n'offrons pas à nos lecteurs une œuvre d'érudition. Nous aimons l'Alsace et ses gloires religieuses; la céleste figure de sainte Odile nous a particulièrement captivé. Nous avons cherché à rendre les traits de la noble fille d'Adalric tels que la tradition des siècles chrétiens nous les a livrés. Nous n'avons pu songer à dépouiller la patronne de l'Alsace de l'auréole décernée par l'admiration croyante, par la foi enthousiaste de longues générations.

SAINTE ODILE

SAINTE Odile est née avec l'Alsace, ou peut-
être mieux, l'Alsace est née avec sainte
Odile. C'est avec l'humble et douce servante
de DIEU qu'on voit se dégager du milieu de
ténèbres profondes l'histoire de notre pays,
et que l'Alsace apparaît avec ses ducs et ses
comtes, avec sa foi chrétienne et ses monastères. Sainte Odile est là comme l'ange
auprès d'un berceau, et nos pères ont eu
raison de l'appeler la patronne de l'Alsace.

I

ORIGINE ET NAISSANCE DE SAINTE ODILE

LE père de sainte Odile était le duc Adalric ou
Athic. Les ancêtres d'Adalric sont moins con-
nus qu'Adalric lui même, et celui-ci n'est guère connu que par sainte Odile.

Adalric devint duc d'Alsace ou duc en Alsace sous le roi Childéric II. L'obscurité qui enveloppe son berceau, règne aussi autour des prérogatives de sa dignité. L'histoire de sainte Odile fait peu connaître le duc, mais elle révèle bien l'homme, le leude riche et puissant des frontières de la Germanie, l'âpre fils de l'invasion qui est à l'école du christianisme. Cette histoire est le récit de la lutte de la sainteté contre les restes de la barbarie, lutte souvent violente et pleine de péripéties émouvantes.

Un ancien biographe d'Odile parle dans les termes suivants de la mère de la Sainte : « La vénérable épouse que le mariage avait unie à Adalric était de très noble origine ; elle portait le nom de Berehsinda et, selon le témoignage de plusieurs historiens, elle était attachée à saint Léodegar *(Léger)* par les liens du sang. » Berehsinda ou Berswinde nous apparaît à côté d'Adalric à peu près comme sainte Clotilde à côté de Clovis, s'efforçant d'adoucir l'humeur de son époux, heureuse de tout ce qu'il entreprenait pour la gloire de Dieu. Elle fut douce, pieuse, aimante, forte, résignée et digne de la postérité la plus illustre, elle mérita d'être la mère de deux saintes.

Le duc Adalric résidait tour à tour dans la villa royale d'Ehenheim, aujourd'hui *Oberehnheim* ou *Obernai*, et au château du mont *Altitona*, devenu le *Hohenburg*. La villa d'Ehenheim n'eut pas seulement l'honneur de remplacer une villa romaine et de devenir le siège de la cour ducale d'Alsace, elle eut encore

la gloire d'abriter le premier berceau de sainte Odile.
Au dire de la tradition, l'école actuelle des filles à
Obernai se trouve sur l'emplacement de la demeure
d'Adalric ; c'est près de là que la patronne de l'Alsace est née, vers l'an 660. Nous ne pouvons mieux
raconter la naissance de sainte Odile qu'en emprun-
tant le naïf et touchant récit d'un biographe du on-
zième siècle.

Un enfant devait naître au duc Adalric, et le leude
altier se livrait à une joie et à des espérances qui
n'étaient pas tout à fait selon Dieu. Quand arriva
le jour de la naissance de l'enfant, on vint annoncer
au duc qu'il était devenu père d'une fille aveugle.
Les espérances d'Adalric étaient cruellement déçues
et sa joie se changea aussitôt en un amer dépit : « Ah!
s'écria-t-il, la colère de Dieu me poursuit; pareil
opprobre ne s'est jamais vu parmi ceux de ma race. »
Il alla jusqu'à ordonner la mort de l'enfant, dont la
naissance lui paraissait un déshonneur. Le Germain
reprenait le dessus sur le chrétien : le duc semblait se
rappeler que ses pères décidaient de la vie et de la
mort de leurs enfants en les recevant dans leurs bras
ou en en détournant la tête; il oubliait que l'enfant
du chrétien est d'abord l'enfant de Dieu, et que
l'enfant disgracié de la nature est deux fois recom-
mandé aux soins paternels.

La tendre Berswinde eut beau intercéder, Adalric
fut insensible à ses paroles et à sa douleur. Il per-
sista à vouloir que l'enfant aveugle fût mise à mort

ou soustraite à jamais à ses regards; la naissance de
l'enfant devait rester secrète. Berswinde éplorée
supplia Dieu de venir à son secours. Elle se souvint
alors d'une de ses anciennes suivantes qu'une accu-
sation injuste avait éloignée d'elle, et qui habitait
dans un lieu nommé Scherwiller, non loin d'Ehenheim. Elle résolut de confier l'enfant aveugle à cette
suivante, qui sut répondre à sa confiance. Mais le
cœur de la mère n'en fut pas moins déchiré quand
vint le moment de la séparation.

Telle fut la première page de l'histoire de sainte
Odile. Le père ne pensait plus jamais revoir sa
fille; la mère comptait sur la bonté de Dieu et sur
les desseins secrets de la Providence. La suivante
entre les mains de laquelle se trouvait l'enfant prédes-
tinée, représente le dévouement absolu du Germain
à ses chefs; elle s'estimait heureuse de pouvoir
élever l'enfant de Berswinde.

II

LA FUITE DE SAINTE ODILE. — SON BAPTÊME.
SES YEUX VOIENT LA LUMIÈRE DU JOUR

DE nouvelles angoisses devaient bientôt traverser l'âme de Berswinde. Les soins donnés
à l'enfant aveugle ne tardèrent pas d'éveiller l'attention à Scherwiller, qui était trop rapproché d'Ehen-

heim. La mère comprit qu'il fallait trouver à l'enfant un autre asile, plus secret et plus éloigné.

L'asile des infortunes, au septième siècle, était le monastère. Une tante de Berswinde se trouvait à la tête d'un monastère à Palma[1], en Bourgogne. C'est au pieux et tendre dévouement de cette abbesse que Berswinde confiera Odile.

Lorsqu'un pauvre se présentait autrefois à la porte d'un monastère, celui qui était chargé de le recevoir disait : *Grâces à Dieu !* Quels durent être les sentiments des religieuses de Palma quand arriva l'enfant du duc Adalric, disgraciée de la nature, reniée par son père, exilée dès son berceau ! Elle fut accueillie comme un trésor trois fois précieux. Il n'y eut pas une seule religieuse qui, en la voyant, ne fût émue d'une tendre compassion.

Nous ne connaissons pas d'autres détails sur la première enfance de sainte Odile. Les chroniqueurs se contentent de dire que l'enfant aveugle fut visiblement protégée par Dieu à Palma. Ils passent rapidement de son berceau à son baptême, malgré les années qui les séparent l'un de l'autre.

Les circonstances que nous venons de rapporter, et d'autres dont le souvenir n'a pas été conservé, retardèrent le baptême de l'enfant aveugle. Quelques chroniqueurs marquent l'âge de six ans pour ce baptême ; les plus nombreux assurent qu'Odile des-

______

(1) Baume-les-Dames.

cendit dans les fonts sacrés à Palma vers l'âge de treize ans. Deux frères, deux saints, reçurent de Dieu la mission de procurer le baptême à l'enfant de bénédiction : l'évêque régionnaire Erhard et saint Hidulphe.

Les chroniqueurs racontent les apprêts du baptême. Il y eut une fête générale à Palma. La catéchumène fut examinée sur les mystères de la foi, et ses réponses furent étonnantes de sagesse. Pendant que les saints rites s'accomplissaient, les religieuses prièrent ardemment. La vierge aveugle étant descendue dans les fonts sacrés, on entendit l'évêque Erhard prononcer solennellement les paroles sacramentelles. Les prières devinrent ensuite plus instantes; sous l'inspiration d'en haut, l'évêque prit le saint chrême, oignit les yeux de la vierge et dit d'un ton ému : « Au nom de Jésus-Christ, que la vue soit rendue à ton corps comme à ton âme! » O prodige ! les yeux aveugles s'ouvrirent à la lumière. Nul ne peut exprimer le saisissement de l'évêque Erhard, de son frère Hidulphe et des religieuses de Palma. Quand un premier mouvement d'indicible admiration eut fait place à une joie plus calme, l'évêque couvrit la vierge du voile baptismal, et glorifia avec émotion la puissance et la bonté de Dieu.

Au baptême, l'enfant du duc Adalric reçut le nom d'*Ottilia* ou *Odilia,* destiné à être béni par tant de générations. Comment dire les impressions de l'âme d'Odile quand elle put voir les traits de celles qu'elle

vénérait et aimait; quand elle put apercevoir des
lèvres qui lui souriaient et des regards qui rencon-
traient son regard; quand elle put longuement con-
sidérer l'autel, la croix, la chapelle et sa cellule;
quand elle put admirer enfin le beau ciel et la riche
verdure de la terre, et les fleurs que la Providence
et les soins des religieuses avaient multipliées à
Palma ! Elle vécut dans une sainte ivresse, qui était
un mélange d'admiration, de bonheur, de reconnaissance et d'amour de Dieu. Elle allait des créatures
au Créateur : colombe toute pure, elle prenait facile-
ment son essor vers le ciel.

Une nouvelle vie avait commencé pour Odile.
Elle éprouvait comme une passion de dévouement.

Malgré son tendre âge, elle demandait à partager
tous les exercices des religieuses : elle voulait prier,
chanter les Psaumes, travailler, jeûner, se livrer aux
grandes austérités. On la vit toujours pleine de douceur; car ses privations l'avaient habituée à souffrir;
elle était humble, car elle reconnaissait en tout la
main de Dieu.

Odile avait ignoré son origine; on ne pouvait pas
la lui cacher plus longtemps. Du jour où elle connut
sa famille, elle ne l'oublia plus devant Dieu. L'amour
filial, dont elle devait devenir un incomparable mo-
dèle, embrasa aussitôt son cœur. Elle conçut une
profonde compassion pour son père et une tendresse
sans bornes pour la mère qui lui avait donné et sauvé
la vie. Elle éprouvait je ne sais quoi qui l'attirait

vers le lointain Ehenheim. Parfois elle ressentait comme la douleur des exilés. C'était la Providence qui disposait insensiblement ses voies.

III

LE RETOUR DE SAINTE ODILE

LA main de DIEU seule pouvait ramener Odile dans la maison paternelle. Même après avoir appris le prodige qui avait ouvert les yeux de sa fille à la lumière, Adalric était resté inflexible. L'orgueil du leude altier n'était pas encore dompté. On avait particulièrement dépeint à Odile la bonté, la piété et le généreux courage de son frère Hugues; elle résolut de s'adresser à lui et de lui demander d'obtenir de son père qu'elle pût paraître en sa présence.

La correspondance d'Odile avec son frère ne peut nous paraître étrange. N'avons-nous pas la correspondance des religieuses anglo-saxonnes avec saint Boniface ? N'est-il pas constant que les études littéraires étaient cultivées, au septième et au huitième siècle, dans les monastères de femmes, avec non moins de soins et de persévérance que dans les communautés d'hommes?

Une première démarche du comte Hugues auprès de son père ne fut pas heureuse. Le refus d'Adalric

affligea le généreux comte ; mais le message de sa
sœur inconnue l'avait trop profondément ému, il ne
se découragea point. Jugeant le cœur de son père
par le sien, il pensa que la présence de sa sœur ob-
tiendrait ce que ses propres supplications n'avaient
pu obtenir ; il résolut, en conséquence, de faire venir
Odile à l'insu d'Adalric.

Nous ne dirons point ce qu'éprouva sainte Odile
en quittant Palma où Dieu s'était montré si misé-
ricordieux envers elle, où tant de cœurs l'aimaient
tendrement, où elle avait joui d'inexprimables con-
solations. Les adieux qu'Alcuin adressa à sa cellule
peuvent nous donner une idée des adieux de sainte
Odile. « O ma cellule ! » disait Alcuin au moment
de quitter le cloître pour la cour de Charlemagne,
« douce et bien-aimée demeure, adieu pour toujours !
Je ne verrai plus les bois qui t'entouraient de leurs
rameaux entrelacés et de leur verdure fleurie...
Je n'entendrai plus ces oiseaux qui chantaient Matines
comme nous et célébraient à leur guise le Créateur,
ni ces enseignements d'une douce et sainte sagesse
qui retentissaient en même temps que les louanges
du Très-Haut, sur des lèvres toujours pacifiques
comme les cœurs. Chère cellule ! je te pleure et te
regretterai toujours !.. »

A l'arrivée d'Odile en Alsace, Adalric résidait
dans sa demeure du Hohenburg, qu'il avait fait
élever depuis peu de temps sur les ruines d'anciennes
constructions romaines. La légende et l'histoire ont

fait connaître également l'*Altitona* de l'époque gallo-romaine, le *Hohenburg* du moyen âge, le mont *Sainte-Odile* d'aujourd'hui. La position géographique de cette hauteur, sa conformation, son sommet nu, ses pentes abruptes, les sombres forêts qui couvrent ses flancs, les énormes blocs de pierre semés sur sa surface comme les débris d'une montagne en ruines, ce que la nature a prodigué à cette élévation et ce que les hommes ont ajouté à l'œuvre de la nature, tout a vivement impressionné les hommes de tous les âges.

Les chroniqueurs rapportent que lorsqu'on annonça au duc Adalric l'arrivée inattendue de sa fille, sa colère fut prompte et terrible. Il frappa son fils Hugues d'un coup si violent que celui-ci s'affaissa et parut quelque temps sans vie. C'est après cette scène douloureuse que l'exilée de Palma se présenta. Elle fléchit le genou, baisa la main de son père et lui dit qu'elle était sa fille, née aveugle mais guérie par la miséricorde de Dieu. Adalric, déjà ébranlé par ce qui s'était passé, fut vaincu un instant par le premier mouvement du sentiment paternel et par la puissance du miracle. Il releva sa fille avec bonté et l'embrassa. Berswinde, ses fils et sa seconde fille s'abandonnèrent à la joie la plus vive et la plus pure. Tous ceux qui étaient présents louèrent Dieu à haute voix. Jamais le Hohenburg n'avait été témoin d'un spectacle plus capable d'émouvoir les cœurs les plus insensibles.

La joie de Berswinde ne fut pas de longue durée. De sombres préoccupations passaient je ne sais quel voile sur le front d'Adalric. La vue de sa sainte fille éveillait-elle le remords dans son âme! Songeait-il à l'étonnement que produirait à la cour du roi et auprès des seigneurs d'Austrasie la nouvelle du retour d'une fille dont on ignorait l'existence? Le duc en vint jusqu'à éloigner de nouveau Odile de sa présence. Peu s'en fallut peut-être qu'elle ne fût condamnée à un second exil. Elle ne put rester dans la résidence du Hohenburg qu'à la condition de se voir placer dans un coin écarté, qu'elle appela elle-même ou que d'autres appelèrent plus tard son *couvent*.

DIEU a toujours fait servir l'adversité à la gloire de ses élus. Les rigueurs d'Adalric affligèrent tous les autres, mais elles n'affligèrent point Odile. Dans le coin écarté où on l'avait reléguée, elle retrouvait le calme du monastère de Palma. Là, elle pouvait prier à l'aise Celui qui tient le cœur des hommes en ses mains, d'achever l'œuvre commencée. Pour donner plus de puissance à ses supplications, elle acceptait avec la joie des saints le silence de sa retraite et tout ce que, dans le langage humain, on appelle de dures privations.

La retraite d'Odile put dérober notre Sainte aux regards des hommes, mais elle ne put empêcher l'odeur de ses vertus de se répandre. Elle n'empêcha pas non plus sa sainteté d'exercer son prestige. Un de ces hasards qui n'en sont pas, ayant conduit un jour Odile au-devant de son père, celui-ci fut saisi de l'aspect doux et humble de la recluse : « Où allez-vous, ma fille ? » demanda Adalric. — « Seigneur, répliqua Odile, j'emporte un peu de farine; je vais, au nom de Jésus-Christ, nourrir quelques pauvres. » Cette réponse était faite d'une voix si tendre et si respectueuse que le leude ne put contenir son émotion. « Vous avez vécu jusqu'ici dans une grande douleur, ma chère fille, » s'écria Adalric; « avec l'aide de Dieu, vous ne mènerez plus une vie si pauvre. » — Le moment était venu, remarque un chroniqueur, où la pure lumière cachée dans la solitude allait être placée sur le chandelier.

Odile pouvait paraître désormais à la cour ducale. Son père voulait même qu'elle y parût souvent. Elle était l'ornement de la cour comme elle avait été la fleur de la solitude. Mais l'agitation des fêtes, le bruit des banquets, des chasses et des joûtes guerrières, détournaient son âme des aspirations qu'elle aimait. Odile avait été heureuse dans sa réclusion, et maintenant un ennui profond s'emparait d'elle. Elle luttait bien pour être toujours douce, généreuse et soumise, mais son cœur languissait; et c'était le souvenir de Palma qui la faisait languir, le souvenir de la paix monastique, du chant des Psaumes, de l'étude des saintes lettres, du travail commun, du tranquille bonheur des fêtes, de la pieuse émulation pour courir dans les voies du Seigneur.

Un jour que le souvenir de Palma occupait plus

vivement Odile, elle alla se présenter à son père et lui parla d'une voix intérieure qui la rappelait sans cesse au monastère qu'elle avait quitté. Adalric fut étonné d'abord et ensuite attristé. Il aimait sa fille depuis peu de temps, mais il l'aimait tendrement. Il lui déclara, avec l'autorité d'un père habitué à ne rendre compte à personne, qu'elle ne pourrait jamais retourner à Palma. Odile, qui insista avec d'abondantes larmes, dut reconnaître bientôt que l'amour paternel ne serait pas plus facile à vaincre dans le cœur d'Adalric que la première opiniâtreté de son orgueil. Il lui fallut, pour se résigner, sa foi de sainte, son inébranlable confiance en DIEU, et cette habitude des privations qui avait fait de la souffrance comme un besoin de sa vie.

IV

ADALRIC CÈDE SON CHATEAU DE HOHENBURG
A SAINTE ODILE

NOUS voici arrivés à ce moment de la vie de sainte Odile qui se présente plus ou moins dans toute vie humaine : c'est le moment décisif où s'achève une première période de l'existence et où une autre se prépare. La vocation d'Odile va se définir. Les faits qui déterminèrent cette vocation ont été diversement rapportés par les biographes de la

Sainte. Il s'agit d'un projet de mariage, de la fuite d'Odile qui avait reconnu qu'elle ne devait appartenir qu'à Dieu et à sa mission, d'une intervention miraculeuse de la Providence pour soustraire la Sainte aux recherches de son père. Notre récit dépasserait le cadre qui lui est tracé s'il devait s'étendre aux détails exposés par les chroniqueurs. Il suffit à nos lecteurs de savoir que la victoire demeura encore à la sainteté.

Pardonnons au duc Adalric d'avoir résisté quelque temps au vœu d'Odile. Nous voyons quelquefois de nos jours encore des pères chrétiens éprouver les sentiments du leude mérovingien ; si la nature leur fait sentir si puissamment sa loi, rappelons-nous qu'elle luttait avec une vigueur indomptée dans le cœur du père de la vierge de Hohenburg. Adalric cède enfin, il s'incline sous la main de Dieu, il est vaincu par le miracle et par la sainteté, et la victoire est d'autant plus belle et plus complète que la lutte a été plus violente et plus longue. Le père de sainte Odile ne se contentera pas d'accorder à sa fille ce qu'elle a sollicité, il voudra qu'elle reste à ses côtés, il sera le coopérateur généreux de son œuvre.

« Les solitaires arrivent dans cette contrée, dit Odile à son père, et les moines y construisent leurs cellules ; seules les vierges n'y trouvent pas de refuge où elles puissent se vouer à l'Époux céleste. » Elle ajouta qu'elle se sentait appelée à réunir une communauté de vierges pieuses, et à fonder un monastère qui serait une source de bénédictions pour sa famille et de bienfaits pour la population des bords du Rhin. Cette fois le duc n'eut garde de résister : il considéra les paroles qu'il venait d'entendre comme un ordre d'En-Haut, et il ne songea plus qu'aux moyens d'accomplir les desseins de la Providence. Il fut livré pendant quelque temps à de grandes préoccupations; il manda enfin sa fille, qui aperçut en lui la plus vive émotion. Elle ne fut pas moins vivement émue que son père, en apprenant qu'Adalric avait résolu d'établir dans sa résidence même le monastère qu'elle voulait fonder. Que se passa-t-il alors entre la sainte fille et le généreux père ? Quels sentiments débordèrent de leur âme ? Quelles paroles vinrent sur leurs lèvres ? Hélas ! nous ne possédons plus la charte de donation où Adalric exprimait, sans doute, quelque chose des sentiments qu'il éprouva en abandonnant à Odile son château de Hohenburg et les terres considérables, nécessaires à l'entretien d'un monastère.

Dans le couvent actuel de sainte Odile, au coin d'une longue allée, se trouve une pierre monumentale, ordinairement peu remarquée des visiteurs. Elle est ornée de trois bas-reliefs, œuvre d'un ciseau inculte mais pieux. Le premier représente le duc Adalric cédant son château à sa fille. Adalric est assis sur un trône; il a la chevelure mérovingienne. Odile reçoit de la main de son père le livre symbolique : on la reconnaît à ses tresses et au costume religieux. La vue de cet humble monument nous a profondément saisi. Il rappelle une émouvante scène de famille, un des plus grands moments de nos annales, une des plus belles victoires de la sainteté, un des faits qui symbolisent le mieux le triomphe de l'Église sur la barbarie.

V

LES MONASTÈRES DE HOHENBURG ET DE NIEDERMUNSTER

Par le monastère de Hohenburg, plus tard le monastère de *Sainte-Odile*, les Vosges furent vouées en quelque sorte à Dieu. Rien ne manque aux Vosges : la poésie les a chantées, la science les a étudiées, l'industrie les a exploitées. Qui ne les admire avec les lignes variées de leurs crêtes, avec leurs ondulations capricieuses, avec les sapinières qui couvrent leurs flancs, avec les riches coteaux de leur base, avec leurs vallées si nombreuses et si pittoresques, avec les sources qui jaillissent de leur sein fécond ! Elles ont tous les souvenirs, elles offrent tous les genres de ruines : pierres druidiques, murs romains, restes imposants de manoirs féodaux. Mais on ne voit pas les pierres druidiques sans horreur, ni les ruines romaines sans humiliation, ni les débris féodaux sans tristesse ; seuls les souvenirs monastiques épanouissent l'âme. Après que sainte Odile en eut pris possession, les Vosges attirèrent davantage ceux qui aimaient Dieu et la solitude. De Luxeuil à Wissembourg, pas de vallon sans monastère ou sans pèlerinage, pas d'écho de la montagne qui n'ait répété le chant des moines ou des religieuses.

Il nous serait agréable de pouvoir esquisser ici en traits rapides l'histoire des origines monastiques en Alsace. C'est par nos anciens monastères que disparurent les derniers vestiges du paganisme sur les bords du Rhin et dans les Vosges; mais leur rôle principal consistait à initier à une vie vraiment chrétienne les barbares déjà convertis. Les moines étaient les apôtres infatigables et toujours présents des populations. Ce qui prêchait mieux encore que leurs paroles, c'était leur vie, non la vie d'un seul, mais la vie d'une communauté nombreuse. Ce spectacle frappait d'admiration, et, dans les siècles qui nous occupent, le prestige du moine était général. En même temps, les bienfaits qui partaient du monastère triomphaient des cœurs. On se groupait autour des couvents, on venait écouter les leçons du moine enseignant les arts utiles après avoir enseigné son *Credo*, et on se prenait à imiter sa vie. Les grands missionnaires prenaient ordinairement possession d'un pays, au nom du CHRIST, en y campant des religieux ou des religieuses. Les couvents de femmes attiraient peut-être encore plus l'attention que les couvents d'hommes. Des femmes sortant pour la plupart des rangs les plus élevés, renonçant à tout ce que le monde barbare aimait, pour vivre en Dieu d'une vie d'obéissance, d'abnégation, de pureté, de charité, de travail et de dévouement, n'était-ce pas, au milieu de l'âpre Germanie, qui avait le respect de la femme, comme une apparition céleste ?

L'immense influence de la vie de sainte Odile, ainsi que celle de son monastère, est incontestable. Les chroniqueurs disent que les religieuses de Hohenburg modelaient leur vie sur celle de leur sainte abbesse. Odile avait tous les dons nécessaires pour exercer cette autorité : la naissance, l'expérience de la vie religieuse, la consécration de l'épreuve, l'attrait de la plus douce sainteté et l'auréole du prodige. Elle avait besoin de tous ces dons réunis, car toutes ses compagnes n'avaient pas déposé immédiatement à la porte du cloître jusqu'aux dernières traces des passions violentes de ce temps. L'âme des jeunes compagnes d'Odile était impétueuse : elle n'avait pas toujours connu dès l'enfance le frein de l'éducation chrétienne. Tantôt, quelle fougue intempérée de spiritualisme, et puis, quels mouvements abrupts d'insubordination ! Odile était là pour tout comprendre, tout guider, tout pacifier ; sa douceur imposait le calme à la tempête. Tous les souvenirs du monastère de Hohenburg relatés par les chroniqueurs sont des souvenirs de paix.

Ce que les chroniqueurs ont particulièrement célébré, c'est la charité de Hohenburg. Il en a été ainsi de tous les monastères ; leur bienfaisance a laissé le plus de traces dans la mémoire des hommes. La tradition reconnaissante du peuple alla jusqu'à attribuer à la charité d'Odile les voies romaines qui conduisaient jadis à Altitona : la Sainte, disait-on, voulait faciliter aux malheureux l'accès de leur refuge. L'escarpement de la montagne n'empêcha jamais les pauvres et les infirmes d'arriver jusqu'au monastère. Odile voulait les recevoir et les secourir elle-même, et il plut à Dieu de glorifier l'humble charité de sa servante. Un chroniqueur du huitième siècle rapporte le fait suivant : « Il arriva un jour qu'un lépreux fut trouvé devant la porte du monastère, demandant l'aumône. Sa lèpre répandait une odeur tellement infecte qu'on ne pouvait s'arrêter dans le corridor voisin de la porte. Odile fut avertie : elle se hâta de préparer un aliment pour l'infortuné; elle accourut ensuite, baisa une plaie du lépreux, lui présenta de ses propres mains la nourriture, et supplia Dieu, en versant d'abondantes larmes, de rendre la santé au malade ou de fortifier sa patience dans ses maux. L'on put voir alors combien la prière du juste est puissante auprès de Dieu. Cet autre Lazare fut aussitôt guéri, si bien qu'on ne vit plus aucune trace de lèpre et que toute infection avait cessé. »

Cependant, pour que les infirmes et les pauvres ne fussent pas obligés de gravir péniblement la montagne, Odile alla en quelque sorte au-devant d'eux, et fit élever pour eux, au pied de la montagne, l'hospice de *Saint-Nicolas*. Elle se rendit tous les jours à cet hospice. Douce vierge, la pente devenait-elle moins escarpée pour vous ? Y avait-il moins de pierres dans votre chemin ? Descendiez-vous ou remontiez-vous avec moins de fatigue que nous ? Le souvenir de votre charité nous fait rougir de nos fatigues.

Odile avait coutume de choisir, non le chemin le moins pénible, mais le sentier le plus court, car l'heure presse toujours pour les Saints. C'est dans ce sentier, à mi-côte de la montagne, près d'un rocher connu de tous les pèlerins, qu'elle rencontra un jour un pauvre vieillard, étendu sans mouvement: la chaleur était brûlante, et le vieillard se mourait de soif et d'épuisement. Odile se trouvait seule : sa voix ne pouvait arriver ni jusqu'au monastère ni jusqu'à l'hospice, et la Sainte n'osait retourner sur ses pas, de crainte que le vieillard ne vînt à mourir pendant ce temps sans être secouru. Émue de pitié, pleine d'angoisse, ne pouvant donner autre chose, elle donna ce que donnèrent Pierre et Jean à la porte du temple : après avoir invoqué le nom de Dieu, se souvenant du rocher du désert frappé par Moïse, elle leva le bâton qui la soutenait et toucha le rocher devant lequel le vieillard était étendu. La pierre, cette fois encore plus sensible que ne l'est souvent le cœur des hommes, fit jaillir une source limpide qu'Odile ne vit pas sans une grande confusion de son humilité, mais qu'elle bénit dans un transport de reconnaissance. L’eau du rocher rendit la vie au vieillard, qui put être conduit à l’hospice, où les compagnons d’Odile le soignèrent avec la vénération due à celui qui avait été l’objet d’une faveur spéciale de Dieu. La source, après avoir porté secours dans la détresse, ne tarit point; elle continua à couler, et elle coule encore, en témoignage de la bonté de Dieu et de la charité de sa servante.

Le service des pauvres à l’hospice de Saint-Nicolas devint de jour en jour plus important. Il occupait plusieurs religieuses. Une pensée qu’Odile avait peut-être conçue depuis longtemps, mais qu’elle hésitait à proposer, vint au cœur de ses compagnes qui se trouvaient à l’hospice. « Pourquoi, dirent-elles à l’abbesse, n’établirions-nous pas ici notre demeure, à côté de celle des pauvres ? Notre famille augmente; les bâtiments de la montagne ne suffiront plus. Nos sœurs peuvent à peine se procurer l’eau de chaque jour, et ici l’eau abonde. Le vallon est solitaire et silencieux; rien n’y troublerait notre retraite. » Ces paroles donnèrent naissance au couvent de Nieder-munster, dont on voit encore aujourd’hui les ruines au pied du mont Sainte-Odile.

Ainsi surgissait autrefois un monastère. La Providence offrait une occasion quelconque, et on reconnaissait qu’il y avait place pour un couvent. Un ardent serviteur ou une grande servante de Dieu faisait entendre un appel. Le couvent s’établissait et se peuplait. Une institution destinée à traverser de longs siècles s'était formée comme d'elle-même.

VI

MORT D'ADALRIC. — DERNIÈRES ANNÉES DE SAINTE ODILE. — SA MORT

PENDANT que l'œuvre de sainte Odile se développait, le duc Adalric comprit de plus en plus que sa destinée en ce monde n'était plus loin de sa fin. Par des épreuves réitérées, DIEU l'avait invité à se donner davantage aux préoccupations de l'éternité. Il partagea ses domaines entre ses enfants, ne se réservant que les biens qu'il destinait encore au monastère d'Odile, et il se retira ensuite à Hohenburg, accompagné de Berswinde, pour se livrer à une vie de prière, de charité, et de pénitence. Il ne vécut que peu de temps dans sa retraite. Il fut atteint d'une maladie qu'Odile reconnut aussitôt comme devant être la dernière. « La sainte fille consola son père, dit le plus ancien des chroniqueurs de sainte Odile ; elle le fortifia à l'heure de la mort, et le noble duc rendit son âme en paix. » Par une disposition spéciale de la Providence, Berswinde ne survécut que neuf jours à son époux : elle avait accompli sa mission. Elle ne fut pas malade ; s'étant agenouillée dans une chapelle du monastère, elle s’affaissa, et, après avoir été douce pendant toute sa vie, elle s’endormit doucement en DIEU.

Odile, en laissant libre cours à ses larmes, ne crut pas faire injure au DIEU qui a consacré, devant la tombe de Lazare, les larmes données aux morts. Elle voulut demeurer seule avec DIEU, et offrit pour le repos de l’âme de son père et de sa mère un jeûne rigoureux et des prières continuelles. « Or, pendant qu’elle priait ainsi, elle eut une vision : Adalric, son père, lui apparut entouré de flammes, et livré à de grands tourments, parce qu’il ne s’était pas assez repenti de certaines fautes et surtout parce qu’il avait repoussé sa fille aveugle et qu’il n’avait pas voulu l’admettre au nombre de ses enfants. Avertie que son père souffrait à cause d’elle, et comptant sur la miséricorde de Dieu qui avait toujours exaucé ses prières, Odile fit vœu de ne plus manger et de ne plus boire jusqu’à ce que son père fût délivré des peines qu’il endurait. Elle avait déjà passé cinq jours dans ce jeûne extraordinaire et dans cette dure mortification, lorsqu’elle vit tout à coup une clarté éblouissante se répandre dans le lieu où elle se trouvait ; elle aperçut en même temps l’âme du vénérable Adalric, rendue visible pour elle et rayonnante de gloire : un ange et un saint couvert de vêtements sacerdotaux la conduisaient au ciel. Odile fut pénétrée de reconnaissance envers la bonté divine et lui rendit grâces avec effusion. Elle se hâta ensuite d’apprendre à ses frères Adelbert et Etichon

comment Dieu venait d'user de miséricorde à l'égard
de leur père, elle épancha toute sa joie devant eux,
et les deux frères furent soulagés, et ils retournèrent
dans leurs domaines le cœur plein d'une douce
consolation. »

Nous venons de transcrire un récit emprunté au
chroniqueur que nous avons déjà cité plus haut. Les
hommes des temps passés savaient seuls, dans leur
humble foi, raconter sans étonnement et avec une
suave simplicité les faits extraordinaires.

Après la mort d'Adalric et de Berswinde, le
prestige d'Odile, déjà si grand dans sa famille,
augmenta encore. Ses frères se sentaient attirés vers
elle, il la vénéraient, ils venaient écouter ses conseils,
et Odile leur communiquait les desseins qu'elle mé-
ditait. Ils mirent tous tant de zèle à fonder des
monastères ,du vivant de la Sainte et après sa mort,
que l'influence directe d'Odile sur leurs résolutions
ne peut être méconnue. Son frère Adelbert, duc
d'Alsace après Adalric, confia ses trois filles, Attale,
Eugénie et Gundelinde, au monastère de Hohenburg,
où elles apprirent, sous la conduite de leur tante,
à devenir des saintes.

Odile semblait ne jamais se lasser. Elle encourageait
les siens, elle construisait le monastère de Nieder-
munster, et elle élevait des chapelles à Hohenburg.
En même temps, elle ne s'occupait pas avec moins
de zèle de l'édifice spirituel des âmes à l'intérieur du
monastère. « Considérez les habitations éparses sur

les plaines d'Alsace, » disait-elle à ses compagnes;
« notre montagne nous élève au-dessus d'elles.
Mais ce n'est pas assez; traçons-nous la voie qui
mène à la montagne céleste, où ni les rayons ardents
du soleil, ni l'âpre souffle de la bise, ni les pluies
importunes, ne viennent troubler un éternel printemps.
Que cette montagne céleste soit le but de tous nos
désirs, l'objet de toutes nos pensées, et ce qui peut
paraître une privation, dans notre solitude, à l'âme
qui ne connaît pas Dieu, nous sera agréable au lieu
d'être pour nous une souffrance et une pénible
austérité. »

La *montagne céleste* fut de plus en plus le but de
toutes les affections d'Odile, car les années de
l'abbesse de Hohenburg avançaient. Les chroniqueurs
emploient de charmantes comparaisons pour exprimer ses progrès dans les voies de la sainteté.
« Elle montait toujours, écrit l'un d'eux, et elle
s'élevait bien haut, comme les sapins de la montagne. »

Odile avait plus de soixante ans. Grâce aux années,
aux veilles et aux macérations, son corps était devenu
extrêmement débile. Quand les religieuses la voyaient,
à certaines heures, absorbée dans la contemplation,
n'ayant plus rien de terrestre que sa frêle enveloppe
mortelle, elles devaient comprendre que les liens
qui la retenaient encore en ce monde étaient près de
se rompre, et qu'il ne fallait plus de grands efforts
pour les briser.

Ils se brisèrent, en effet, presque sans secousse.

Voici comment un chroniqueur raconte la douce mort d'Odile et sa naissance à l'éternelle vie : « Quand le Seigneur voulut donner à sa servante la récompense après le labeur et la paix après le combat, Odile, sentant que sa dissolution était proche, se rendit à la chapelle de Saint-Jean-Baptiste. Elle y assembla ses religieuses, leur recommanda d'aimer DIEU, et leur demanda des prières pour elle-même et pour les siens. Voulant ensuite être seule avec DIEU, elle leur dit de se retirer dans l'oratoire voisin pour y chanter les Psaumes. Les religieuses, dociles à la volonté de l'abbesse, allèrent psalmodier. L'âme de la Sainte se dégagea presque aussitôt de son corps, et il se répandit à l'instant même un parfum délicieux qui arriva jusqu'aux religieuses. Dès que le chant des Psaumes fut terminé, celles-ci se hâtèrent de retourner à la chapelle de Saint-Jean-Baptiste. Voyant leur mère spirituelle sans vie, elles furent consternées et elles s'affligèrent d'autant plus vivement que l'abbesse, avant de mourir, n'avait pu être munie du saint Viatique. Dans leur désolation extrême, elles supplièrent DIEU de tout leur cœur et avec des torrents de larmes qu'il daignât commander à ses anges, qui avaient reçu l'âme de l'abbesse, de la ramener dans son corps. Elles priaient encore que déjà le prodige s'était opéré et que l'âme était revenue. La Sainte put s'asseoir, et, s'adressant à ses sœurs, elle leur dit : « Chères mères et chères « sœurs, pourquoi m'avez-vous troublée ? pourquoi

« imposer de nouveau à mon âme le poids du corps
« qu'il avait quitté ? J'étais, par la grâce de Dieu,
« en la compagnie de la vierge Lucie, et les délices
« dont je jouissais étaient si grandes que ni la langue
« ne saurait les raconter, ni l'oreille les entendre,
« ni l'œil humain les contempler. » Les religieuses,
s'excusant d'avoir troublé la béatitude de l'abbesse,
répondirent qu'elles avaient adressé leurs supplications à Dieu pour ne pas êtres coupables d'avoir
laissé mourir leur mère sans le secours du saint
Viatique. On apporta alors le calice où le Saint-
Sacrement était conservé : l'abbesse, le tenant de
ses propres mains, communia, et, bientôt après, elle
expira doucement en présence de toutes les religieuses.
Le calice qui servit au Viatique d'Odile fut précieu-
sement conservé à Hohenburg, en mémoire de cette
fin bienheureuse. »

Nous n'ajouterons rien à ce simple et pieux récit
de la mort de sainte Odile, arrivée le 13 décembre
de l'année 720 ou 721. Quelques restes de l'enveloppe mortelle de sainte Odile, quelques reliques
sont encore conservées aujourd'hui, au couvent actuel,
dans une élégante châsse gothique. On ne peut les
voir sans une profonde émotion. O beauté, ô puissance, ô grandeur de la sainteté ! Comme l'âme,
brisée par les douleurs et les amères déceptions de
cette vie, retrouve le calme devant ces ossements !
Comme elle se relève au milieu des souvenirs qu'ils
évoquent ! Voilà donc les voies de Dieu ! Voilà

comment la Providence prépare les destinées d'une
âme, d'une famille, d'une contrée! Voilà la beauté
sans l'éclat qui trompe, et la grandeur sans le bruit
qui passe! Voilà la puissance de l'humilité, de l'inno-
cence, de la piété filiale, de la charité, du sacrifice,
la puissance née au Calvaire! — Vierge de Hohenburg, l'Alsace reconnaissante a eu raison de conserver
le souvenir de ta vie et de bénir ton nom!

Christian DEFRANCE

LETTRES SINCÈRE

Un joli volume in-32. — Prix : 0 fr. 75

Table des Matières : A un Catholique moderne. — A un Pres
— A un Rentier. — A un Boulevardier. — A un Peintre. — A
Esprit fort. — A une Mère. — A un Père. — A quelqu'un qui a
vague dans l'âme. — A un Troublé.

CROQUIS HONNÊTES

Un volume in-32. — Prix : 1 fr.

Extrait de la Table des Matières.

Les Sœurs sont là ! — L'Homme de fer. — Écrit le 31 Décembr
à minuit. — Noël ! Noël ! — A quoi pense Lisbeth ? — Première pa
d'un « Décaméron » chrétien. — Des Fleurs ! des Fleurs ! — Le 1
de la Vierge. — Avant la Noce. — Deux Orphelines. — Deux Typ
féminins. — Religieuse blessée. — Gros Jean et son Curé. — L'Éc
vain public. — Une Martyre. — L'Angelus. — Pendant la Messe.
Le Charme. — Dynamite. — Famille ancienne, Famille moderne.
Au Cimétière. — Une Histoire de Charbonnier. — Le vieux Savan
— Un Paysage des vacances. — La Croix et le Drapeau. — A prop
d'une certaine Comédie. — Petit lecteur, que lis-tu ? — Visages caché
Visages découverts. — Deux mots sur un récent Procès. — Dans
Rue. — Une Histoire de Chasse. — Le Soir d'une Première Commi
nion. — Au Port. — Après la Bataille. — Le Réveil d'un Roi. — L
nouveaux Chevaliers. — Le Curé de Fourmies. — Un Village. — « P
risienne. » — Une Lettre à Jeanne d'Arc. — Seul. — La Résurrection

« Les charmantes impressions, délicates et poétiques, et l
charmant et coquet petit volume qui me vient là de Mulhouse
Ch. Defrance n'a point songé à faire une œuvre d'allure préten
tieuse et dogmatique. C'est un petit album d'études mignonnettes
mais qu'élèvent une grande fraîcheur de sentiment, un tact ex
quis, une philosophie sereine et douce. Nous souhaitons un fran
succès à ces pages si attachantes. »   (*Revue bibliographique.*)

Imp. A. Le Roy. — Fr. Simon, Succr. — Rennes (247-94).

www.ingramcontent.com/pod-product-compliance
Lightning Source LLC
Chambersburg PA
CBHW061246050726
47594CB00004B/1381